AF494332

ORDONNANCE DU ROY,

Concernant les Capitaines & Lieutenans reformez d'Infanterie, de Cavalerie & de Dragons.

Du 25. Juin 1725.

A PARIS,
DE L'IMPRIMERIE ROYALE.

M. DCCXXV.

Du 25. Juin 1725. 108.

ORDONNANCE DU ROY,

Concernant les Capitaines & Lieutenans reformez d'Infanterie, de Cavalerie & de Dragons.

Du 25. Juin 1725.

DE PAR LE ROY.

SA MAJESTÉ ayant reglé par son Ordonnance du premier May 1721. que les Capitaines & Lieutenans reformez, François & Estrangers, tant d'Infanterie que de Cavalerie & de Dragons, ne seroient payez qu'autant qu'ils se trouveroient presens aux Revûës, sans esperance de recevoir aucuns appointemens pendant le temps de leur absence; auroit bien voulu sur les representations qui luy ont esté faites, leur accorder des Semestres par ses Ordonnances des 31. Octobre & 24. Novembre 1723. Mais considerant que le grand nombre d'Officiers reformez qui se trouve dans quelques Regimens, est à charge à ses Peuples, pour les logemens tant dans les Villes de leur passage pendant leur marche, que dans plusieurs Garnisons où il n'y en a pas suffisamment; que d'ailleurs lesdits Officiers reformez, consommant pour profiter de leur Semestre une partie des appointemens qu'ils reçoivent, il leur seroit plus avantageux d'avoir la liberté de demeurer chez eux avec des appointemens proportionnez à leurs services : Sa Majesté pour les traiter favorablement, en leur donnant moyen de vacquer plus commodément à leurs affaires, leur permet de rester chez eux, comme Elle a cy-devant fait par ses Ordonnances des 26. Decembre 1715. 26. Novembre 1716. & 20. Novembre 1717. & Elle a Ordonné & ordonne qu'à commencer du premier du mois de Juillet prochain, tous les Capitaines & Lieutenans reformez d'Infanterie, de Cavalerie & de Dragons, se retireront dans les Provinces qu'ils jugeront à propos de choisir pour leur demeure, où ils conserveront leur Reforme, en attendant qu'ils puissent estre remplacez ; son intention estant que les Officiers qui sont entretenus dans les Regimens estrangers, tant d'Infanterie que de Cavalerie, dans les Brigades détachées des Regimens d'Infanterie, & les Partisans qui sont entretenus dans les Places de guerre, continuent d'y servir & d'estre payez de leurs appointemens, conformément aux Ordonnances de Sa Majesté, du premier May 1721. & du 20. Avril de l'année 1722. Mais le traitement qui avoit esté reglé par l'Ordonnance du 26. Decembre 1715. estant principalement fondé sur des circonstances qui n'existent plus, & ne mettant point toute la difference que semble exiger aujourd'huy l'ancienneté de plusieurs desdits Officiers reformez, Sa Majesté a trouvé juste d'y avoir plus particulierement égard par le present Reglement; & en leur permettant de se retirer dans leurs Provinces, de distinguer les Capitaines & Lieutenans reformez, qui aprés avoir servi pendant les dernieres guerres n'ont cessé d'estre en pied que par la reforme des Troupes, d'avec ceux qui ont obtenu le grade d'Officier sans avoir esté en pied dans le rang qu'ils ont actuellement, ainsi qu'il est expliqué cy-aprés : Et afin qu'il ne reste aucune difficulté sur ce qui les concerne, aussi-bien que les Officiers reformez qui n'ont point d'appointemens, Elle a Ordonné & ordonne ce qui suit

Du 26. Juin 1715.

ARTICLE PREMIER.

LES Officiers reformez d'Infanterie, de Cavalerie & de Dragons, qui n'ont pas esté presens aux Revûës qui ont esté faites au mois de May dernier par les Directeurs & Inspecteurs de ses Troupes, ou par les Commissaires des guerres, soit qu'ils ayent des appointemens ou qu'ils n'en ayent pas, seront censez avoir quitté le Service de Sa Majesté; Et en conformité de l'Ordonnance du 20. Septembre de l'année derniere, ne seront plus compris dans les estats des Officiers reformez, à moins qu'ils n'ayent justifié par des certificats en bonne forme, des raisons legitimes qui les auront empêché de se rendre à leurs Reformes.

II.

LES Officiers reformez d'Infanterie, de Cavalerie & de Dragons dont les noms sont compris dans l'estat joint à la presente Ordonnance, qui ont des appointemens & ausquels Sa Majesté permet de se retirer dans les Provinces, y seront doresnavant payez de leurs appointemens, de la maniere expliquée cy-aprés.

III.

LES Capitaines reformez d'Infanterie, dont les Commissions sont anterieures à l'année 1708. & qui estoient en pied tant dans les Regimens & Bataillons conservez à la Paix de Riswick, & depuis reformez à celle de Rastatt, que dans les Seconds Bataillons dont les anciens Regimens d'Infanterie avoient esté augmentez pendant la guerre qui a precedé ladite Paix de Rastatt, auront Quatre cens livres par an. *INFANTERIE.*

IV.

CEUX desdits Regimens & Bataillons, dont les Commissions sont datées depuis le premier Janvier 1708. jusqu'à la Reforme, auront Trois cens livres par an.

V.

CEUX qui ont esté Capitaines dans les autres Regimens d'Infanterie reformez, & dont les Commissions sont datées avant le premier Janvier 1710. auront pareillement Trois cens livres par an.

VI.

Les Capitaines reformez desdits Regimens, dont les Commissions sont datées depuis le premier Janvier 1710. jusqu'à la Reforme, auront Deux cens cinquante livres par an.

VII.

Ceux dont les Commissions sont datées depuis le premier Septembre 1715. qui estoient Officiers ledit jour, & qui en conformité de l'Ordonnance du premier May 1721. ont joüi jusqu'icy de leurs appointemens; Et ceux qui estoient aussi ledit jour premier Septembre 1715. dans le Service en qualité de Gardes du Roy, Gendarmes, Chevaux-legers, Mousquetaires de Sa Majesté, ou Gardes de la Marine, auront Deux cens livres par an.

VIII.

Les Lieutenans reformez d'Infanterie, auront Cent cinquante livres par an, attendu que tous ceux qui ont actuellement des appointemens, ont esté en pied, & n'ont cessé de l'estre que par la Reforme des Troupes.

IX.

Cavalerie. Les Capitaines reformez de Cavalerie, dont les Commissions sont datées avant le premier Janvier 1710. auront Six cens livres par an.

X.

Ceux dont les Commissions sont datées depuis le premier Janvier 1710. jusqu'au premier Septembre 1715. auront Cinq cens livres par an.

XI.

Ceux dont les Commissions sont depuis le premier Septembre 1715. qui estoient Officiers ledit jour, & qui en conformité de l'Ordonnance du premier May 1721. ont joüi jusqu'icy de leurs appointemens; Et ceux qui estoient au Service ledit jour premier Septembre 1715. en qualité de Gardes du Roy, Gendarmes, Chevaux-legers, Mousquetaires de Sa Majesté, ou Gardes de la Marine, auront Quatre cens livres par an.

XII.

Les Lieutenans reformez de Cavalerie, qui y ont esté Lieutenans en pied, & qui n'ont cessé de l'estre que par la Reforme des Troupes, auront Trois cens livres par an.

XIII.

Ceux qui ont esté entretenus Lieutenans reformez avant le premier Septembre 1715. & qui n'estoient point Lieutenans en pied, auront Deux cens cinquante livres par an.

XIV.

Ceux qui ont eu des ordres de Lieutenans reformez depuis le premier Septembre 1715. qui estoient Officiers ce jour là, & qui en conformité de l'Ordonnance du premier May 1721. ont joüi jusqu'icy de leurs appointemens; Et ceux qui estoient ledit jour premier Septembre 1715. dans le Service en qualité de Gardes du Roy, Gendarmes, Chevaux-legers, Mousquetaires de Sa Majesté, Gardes de la Marine, ou Mareschaux des Logis, auront Deux cens livres par an.

XV.

Les Capitaines reformez de Dragons, dont les Commissions sont datées avant le premier Janvier 1710. auront Cinq cens livres par an. *Dragons.*

XVI.

Ceux dont les Commissions sont datées depuis le premier Janvier 1710. jusqu'au premier Septembre 1715. auront Quatre cens livres par an.

XVII.

Ceux dont les Commissions sont datées depuis le premier Septembre 1715. qui estoient Officiers ledit jour, & qui en conformité de l'Ordonnance du premier May 1721. ont joüi jusqu'icy de leurs appointemens; Et ceux qui estoient ledit jour premier Septembre 1715. dans le Service en qualité de Gardes du Roy, Gendarmes, Chevaux-legers, Mousquetaires de Sa Majesté, ou Gardes de la Marine, auront Trois cens livres par an.

XVIII.

LES Lieutenans reformez de Dragons, qui y ont esté Lieutenans en pied, & qui n'ont cessé de l'estre que par la Reforme des Troupes, auront Deux cens cinquante livres par an.

XIX.

CEUX qui ont esté entretenus Lieutenans reformez avant le premier Septembre 1715. & qui n'estoient point Lieutenans en pied, auront Deux cens livres par an.

XX.

CEUX qui ont eu des ordres de Lieutenans reformez depuis le premier Septembre 1715. qui estoient Officiers ledit jour, & qui en conformité de l'Ordonnance du premier May 1721. ont joüi jusqu'icy de leurs appointemens; Et ceux qui estoient ledit jour premier Septembre 1715. dans le Service en qualité de Gardes du Roy, Gendarmes, Chevaux-legers, Mousquetaires de Sa Majesté, Gardes de la Marine, ou Mareschaux des Logis, auront Cent cinquante livres par an.

XXI.

LES Officiers reformez d'Infanterie, de Cavalerie ou de Dragons, qui estant revenus en France conformément à l'Ordonnance de Sa Majesté du 10. Janvier 1719. ont obtenu des places de Capitaines ou de Lieutenans reformez, ainsi que ceux ausquels il en a esté accordé en consideration des services qu'ils ont rendus pendant la contagion, continueront de recevoir les mesmes appointemens dont ils ont joüi jusqu'à present.

XXII.

SA MAJESTÉ donnera ses ordres dans les Provinces, pour que les fonds destinez au payement des Officiers dénommez en l'estat cy-joint, soient regulierement remis dans chaque département, afin que sur les Ordonnances particulieres des Intendans & Commissaires départis, ils puissent recevoir leurs appointemens; Sçavoir pour les six derniers mois de la presente année, dans le courant du mois de Decembre prochain; pour les six premiers mois de l'année

Du 25. Juin 1726.

prochaine 1726. dans le courant du mois de Juin ; & ainsi de mesme pour la suite.

XXIII.

Les Intendans des Provinces & des Generalitez, envoyeront incessamment au Secretaire d'Estat ayant le département de la guerre, chacun un estat de ceux desdits Officiers qui se seront retirez dans leurs départemens en vertu de la presente Ordonnance; Et afin que Sa Majesté puisse sçavoir les lieux de leur residence, & faire remettre les fonds necessaires pour les y payer, lesdits Officiers seront tenus, aussi-tost leur arrivée, d'envoyer aux Intendans un Memoire signé d'eux, contenant le nom du lieu qu'ils auront choisi pour leur demeure, celuy de l'Election ou de la principale Ville la plus prochaine, leurs noms & surnoms, le nom des Regimens d'Infanterie, de Cavalerie ou de Dragons où ils ont leur reforme, & si c'est en qualité de Capitaines ou de Lieutenans; faute de quoy ils ne pourront estre compris dans les estats que lesdits Intendans doivent envoyer, & en conformité desquels il sera expedié des ordres pour leur payement.

XXIV.

L'intention de Sa Majesté, est que lesdits Officiers reformez ne soient payez que sur des certificats de vie signez des Curez & du Subdelegué de la Ville la plus prochaine des lieux où ils se trouveront establis, & visez par les Intendans.

XXV.

Les Intendans auront soin d'informer regulierement le Secretaire d'Estat de la guerre, du jour de la mort de ceux qui seront decedez; comme aussi de ceux desdits Officiers qui ayant pris d'autres employs, donneront lieu de juger qu'ils ne veulent plus continuer leurs Services.

XXVI.

Ceux desdits Officiers qui prefereront de rester à la suite des Regimens, y pourront demeurer avec leur logement comme par le passé; Et en se trouvant presens aux Revûës, ils seront payez mois par mois de leurs appointemens fur le pied que Sa Majesté a reglé par la presente Ordonnance; Entendant Sa Majesté, qu'ils joüissent aussi de la mesme augmentation de solde, en route, accordée aux autres Officiers de ses Troupes par l'Article LII. de l'Ordonnance du 20. Avril 1722.

XXVII.

Sa Majesté donnera ses ordres pour que lesdits Officiers reformez continuent d'estre remplacez aux employs vacans dans les Regimens où ils ont leur reforme, tout ainsi que s'ils y servoient actuellement.

XXVIII.

Sa Majesté ayant fait arrester des estats des Officiers reformez qui ayant esté Soldats, Cavaliers ou Dragons, & estant parvenus par les grades, n'ont aucun domicile & sont obligez de rester à la suite des Corps; Elle envoyera incessamment aux Commandans desdits Corps, les ordres necessaires pour qu'ils y soient entretenus & logez comme cy-devant, & qu'ils continuent à y estre payez de leurs appointemens en passant presens aux Revûës, en conformité des Ordonnances des premier May 1721. & 20. Avril de l'année 1722. Et Sa Majesté deffend aux Commissaires des guerres, d'en comprendre dans leurs Revûës, d'autres que ceux qui seront employez dans lesdits estats.

XXIX.

Sa Majesté a pareillement fait arrester des estats des Officiers reformez d'Infanterie & de Cavalerie, qui sont entretenus dans les Regimens estrangers, & dans les Brigades des Officiers détachez des Regimens d'Infanterie, ainsi que des Officiers Partisans entretenus dans les Places de guerre; son intention estant qu'ils continuent tous de servir comme ils ont fait cy-devant, & d'estre payez de leurs appointemens en passant presens aux Revûës, en conformité desdites Ordonnances du premier May 1721. & du 20. Avril de l'année 1722. Deffendant aussi Sa Majesté aux Commissaires des guerres, d'en comprendre dans leurs Revûës, d'autres que ceux qui seront employez dans lesdits estats.

Du 25. Juin 1725. 112.

XXX.

Le Sieur Barbier Capitaine reformé dans le Bataillon de Pijart du Regiment Royal-Artillerie, & le Sieur Dumouſtier auſſi Capitaine reformé dans celuy de Romillé du même Regiment, continuëront d'y eſtre payez en conformité de l'Ordonnance du 20. Avril 1722.

XXXI.

Les Officiers reformez qui ſe ſont cy-devant retirez dans les Provinces, ne ſont point compris dans la preſente Ordonnance, n'eſtant pas dans le cas d'eſtre remplacez ; ils continuëront d'y eſtre payez comme par le paſſé, ſuivant les eſtats qui en ſeront envoyez tous les ſix mois aux Intendans.

XXXII.

Les Ingenieurs qui ont des Reformes, continuëront à eſtre payez de leurs appointemens ſur les ordres que Sa Majeſté leur fera expedier, dans les Places de leur reſidence, conformément à ce qui eſt porté par l'Ordonnance du 20. Avril de l'année 1722.

XXXIII.

A l'égard des Officiers reformez qui n'ont point d'appointemens, ceux que leur bonne volonté retiendra à la ſuite des Regimens où ils ont leur Reforme, continuëront d'avoir leurs logemens & d'eſtre employez dans les Revûës des Commiſſaires des guerres, en marquant qu'ils n'ont point d'appointemens.

XXXIV.

Il ſera envoyé des eſtats ſignez du Secretaire d'Eſtat ayant le département de la guerre, contenant les noms des Officiers reformez ſans appointemens, qui s'eſtant trouvez preſens à la Revûë du mois de May dernier, doivent eſtre employez dans celles qui ſe feront à l'avenir des Regimens où ils ont leur Reforme ; Et Sa Majeſté deffend aux Commiſſaires des guerres, d'en employer d'autres que ceux qui ſeront compris dans leſdits eſtats.

Mande & Ordonne Sa Majeſté aux Gouverneurs & à ſes Lieutenans Generaux dans ſes Provinces, Gouverneurs de ſes Villes & Places, aux Intendans eſdites Provinces & ſur ſes Frontieres, aux Directeurs & Inſpecteurs generaux ſur ſes Troupes, & aux Commiſſaires de ſes guerres, de tenir la main à l'execution de la Preſente; laquelle ſera lûë & publiée à la teſte deſdites Troupes, à ce qu'aucun n'en prétende cauſe d'ignorance. FAIT à Chantilly, le vingt-cinquiéme jour de Juin mil ſept cens vingt-cinq. *Signé* LOUIS. *Et plus bas*, DE BRETEUIL.

ESTAT des Capitaines reformez d'Infanterie, qui suivant l'Article III. de l'Ordonnance du 25. Juin 1725. auront Quatre cens livres d'appointemens par an.

[R]eg.t DE PICARDIE.

Les Sieurs

Nogaret.
Menneton *de Preuille*.

CHAMPAGNE.

S.t Julien.
Preval.
Struckman.

NAVARRE.

Daurelins.
La Croizille.

PIÉMONT.

Dusoupat.
Massanne.
Doros.
Dulyon.
Mondegourat.
Barere.

NORMANDIE.

La Salle.
Barraud.

LA MARINE.

Les Sieurs

Lambert.
La Tour.

BOURBONNOIS.

Du Prat.

LYONNOIS.

La Bruyere.

LA GERVAISAIS

Guinaud.
Lacaud.

ANJOU.

Villars.

ORLEANS.

Desmaisons.
Du Brau.
Delisle.
Du Chenois.

LA COURONNE.

Mareuge.

BRETAGNE.

Les Sieurs

Du Portail.

VENDOSME.

Chaussegros.

GUYENNE.

Charconne.

BERRY.

Bayonne.
Desavenelle.

NIVERNOIS.

Vanoise.

PONTHIEU.

Chevalier de Maubourg.

AUXERROIS.

Colleville.
Cruzy.

CAPITAINES reformez d'Infanterie, qui suivant l'Article IV. auront Trois cens livres d'appointemens par an.

PICARDIE.

Les Sieurs

Deschauffours.
Duchesne *Journac.*
Danglanavigier.
Vaujany.
Lavaur.

CHAMPAGNE.

Chevalier de Maubeuge
Lasarre.
Le Brun.
Beaupoujet.
Sarrazin,
Villemontet.

NAVARRE.

S.t Sauveur *Grasset.*
Provençal.
Serignan.

PIÉMONT.

La Benne.
Pernin.
Lusabeau.
Campagne.
Brousse.
La Pagne.
Maynier.
Jacquemet.
Du Cros *de Brousse.*
Le Noir *de Belsaigne.*
Tampnon *Lusabeau.*
La Brosse.
Boisnerbert.

NORMANDIE.

Les Sieurs

Goullard.
Barraut.
Rozier.

LA MARINE.

Jancé *de Moulezun.*
Failly *Condé.*

RICHELIEU.

Cottonet.

BOURBONNOIS.

Rogier.

LYONNOIS.

Potet.
Du Barry.
Amiel.
La Peirouze.
Mailland.
Prevost.
La Coupilliere.
Lartigue.
Lavoirie.
La Grave.

LA GERVAISAIS

Duferfand.
Nailly.

DU MAINE.

Les Sieurs

Serriere.
Broc.

ORLEANS.

Desglanges.
La Tour.
Gauffrecourt.
Du Mesnil.
Plassial.
Langel.

LA COURONNE.

Gregoire.
Bertaut.

BRETAGNE.

La Jonquere.
Desfival.
Esquieu.
Dumas.
Moyencourt.

LE PERCHE.

S.t Cir.
De Lage.
Barres.

ARTOIS.

Secouray.
Achard.
Biquet.
Duplessis *Descoublans.*

LOUVIGNY.

Les Sieurs

Dormoy.
La Normande.
Pussey *Gaya.*

VENDOSME.

Senarmont.
Lillemarest.
Beringuer.

LA SARRE.

De Marre.

LA FERRE.

Daiglepierre.

CONDÉ.

Travers.
Du Perrier.

BOURBON.

De Lort.

BEAUVOISIS.

Chasteau-Arnoux.
Dagre.
Pressac.
Du Nouvet.
Monteils.

ROUERGUE.

Descombiez.
Changy.
Malfontaine.
Darques.

BOURGOGNE.

Les Sieurs

Monnet.
Coranson.
Desgalianne.

VERMANDOIS.

S.t Paul.
d'Epinay.

LANGUEDOC.

Themines.
La Roque.

SAINT SIMON.

Coste.
Maurillan.
Comarque.
Paul.
Chevreuse.

MEDOC.

Le Noble.
Vassau.
Bizouart.
Saint Martin.
Du Verger.
Brieulle.

GENSAC.

Lasons.
Santon.
Duclos.

BAQUEVILLE.

Gemaris.

ROYAL COMTOIS

Les Sieurs

Berlie.
Cuniq.
Papet.
Dutillet.
Brunet *de Tressemanes.*
Monbel.

MONCONSEIL.

Rombaut.
Boissin.

PROVENCE.

Paumier.
Dauricourt.
Moreau.
Salelle *de Beauregard.*
Pernot.
Baché.

LAVAL.

La Martine.
Poinsable.
Comy.
Jaquemont.
Descrosses.
Dumont.

TOULOUSE.

Talhoüet.
Duquesnel.

GUYENNE.

Glaize.
Sariac.
Louvergny.

LORRAINE.

Les Sieurs

La Croix.
Bellangreville.
Ligonniere.
Boiſſeau.
Boireau.
Cordat.

FLANDRE.

Mezens.
Boſſuges.
Duclos.
Thouvant.

BERRY.

Grenier.

BEARN.

Villiers.
Maſſogne.
Freſſon.
Deſormeaux.
Cotte.
Muret.

HAYNAUT.

Dalquez.
Sambeuf.
Darancé.
Du Vignaud.

BOULONNOIS.

Du Roulle.
La Baſtide.
La Coupilliere.
La Sabliere.
Jeguns.
Du Bouſſet.
Calas.

ANGOUMOIS.

Les Sieurs

Bidier.
La Prade.
La Chapelle.

PERIGORD.

Maiſonneuve.
Charnacé.
Poiſſonnet.

SAINTONGE.

Dufour.
Dulau.
Medaille.
Failly.
Cerez.
Boiſvert.
Nouette.
Monluc.
Segur.

BIGORRE.

La Roque.
Deſcombes.

FOREST.

Maupas.
Mongeot.
Puget.

FOIX.

Villereau.
Merle *de Beaulieu.*

BRESSE.

Boiſſouchard.
Gueſſier.

LA MARCHE.

Les Sieurs

Dumont.

QUERCY.

La Roque.
La Noguerre.
La Buſſiere.

NIVERNOIS.

La Foreſt *Laumont.*
Livernier.

BRIE.

La Boiſſiere.
Cauſſe.

SOISSONNOIS.

Guigonis.

ISLE DE FRANCE.

Maſſanne.
Fornel.
Lagrange.

VEXIN.

S.t Jean *de Sorbs.*
Bartaut.
Montmouton.
d'Enonville.

AUNIS.

La Valrade.
La Baſſonniere.

BEAUCE.

Les Sieurs

Marsinque.
La Marque.
Tourville.

DAUPHINÉ.

Gensac.

VIVARAIS.

De Pons.
Mongon.
Delvincourt.
Doliesan.
Dubois.
Galiffet.

LUXEMBOURG.

Boette.
Baronneau.
Lagarenne.
Laudun.
Semilly.
Lalombardiere.
Marne.
Du Cay.

BASSIGNY.

Les Sieurs

S.t Martin.
La Broutiere.

BEAUJOLLOIS.

Villé.

BOUFFLERS.

La Vivier.

MONTMORENCY.

Malaras.
Guibal.
Du Clos.
Gastignols.

PICQUIGNY.

Salignac.
Merac.
La Bassere.
La Serre.
Du Peron.
Albert *Sainte Croix.*
Abel.

BLAISOIS.

Les Sieurs

La Serre.

GASTINOIS.

Pruede.
Palustron.
Decret.

AUXERROIS.

Cocqueville *le Sens.*
Esries.
Leseur.

AGENOIS.

Chevalier Mercier.
Brouville.
Bretagne.
Saint Estienne.
Hebert.

SANTERRE.

Bemont.
Des Serres.

CAPITAINES reformez d'Infanterie, qui suivant l'Article V. auront Trois cens livres d'appointemens par an.

PICARDIE.

Les Sieurs

Bouquet.
La Primaudé.
La Ville.
Sanche.
Bertrand *de la Bruyere.*

CHAMPAGNE.

De Reuze *Rigauville.*
Neuilly *Dugos.*
La Potterie.
Loye.
Fortecu.
De Rey.
Guerenne.
Chapuis.
Maurin.
Cordes.
Lusson.
Guyet.
Prisié.
Pontgilbert.

NAVARRE.

Baignac.

PIÉMONT.

La Combe.
Grand-maison.
Dumesnil *Beaudrap.*
Cabieux.
Braconnier.
Carlou.

NORMANDIE.

Les Sieurs

Dabadie.
Coudeville.

LA MARINE.

Monfort.

AUVERGNE.

Ramefort.

TALLARD.

Brez.
Pelerin.
Rochesauve.
Moralis.
Dangle.
Linseville.
Du Hault.

PONS.

Puget.
Changeac.
Fransceille.
Trouillart.
Pomart.

ROYAL.

Montbelliart.
La Fargue.
Du Mesnil.
Mongin.
Manette.
Fabricy.
Eurard.
Portail.

POITOU.

Les Sieurs

Perpoint.
Cassau.

LYONNOIS.

Cochardet.
Bonnieres.
Michon.
La Fargue.
Marsac.

DAUPHIN.

S.t Julien.

LA GERVAISAIS.

Darmur.
Vesslier.
Bondouerre.
S.t Martin.

TOURAINE.

Darsillemont *de Loupeigne.*
Dufresne.
Margarita.
Marechal.
Champagne.

DU MAINE.

Causse.
Buisson.
Humbert.
Montéscot.
Tilhot.
Desfourneaux.
Aleaux.
Silhac.
Chevalier du Pin.

Du 25. juin 1725. 116.

SALIANS.

Les Sieurs

Audiger.

Vozelles du Poids.

Dumolin.

Chausset.

Nerual.

Chastenay.

Laubriere.

LA CHENELAYE.

Viart.

Dessantiers.

Payen *de Molshen*.

LA REYNE.

Desbureaux.

Imbert.

Dufaure.

Rochedais.

Lafaure.

LIMOSIN.

Dastier.

Medard.

Dutot.

ROYAL VAISSEAUX.

Paulmier.

Barberet.

Cutry.

Clairfontaine.

Laurice.

ORLEANS.

Maubois *de Sorbieres*.

LA COURONNE.

Les Sieurs

De Glane.

Lisleferme.

LE PERCHE.

S.te Croix *Castbon*.

Secondat.

Renier.

Veronneau.

ARTOIS.

Jacquot.

Barbier *de Tercy*.

Sagey.

LOUVIGNY.

Du Gand.

d'Heruy.

Mezannes.

Chevalier de Mezannes.

VENDOSME.

S.te Croix.

Dusoir.

Nitrac.

Dutronchoy.

Blin.

Danguibert.

LA SARRE.

Chesnuel.

CONDÉ.

Duval.

Castel *Landval*.

Guesnaud.

Carbon.

Feuillet.

BEAUVOISIS.

Les Sieurs

Montredon.

Laval *fils*.

ROUERGUE.

Monvert.

BOURGOGNE.

Prunier.

ROYAL MARINE.

La Motte.

Serigny *Geoffroy*.

Jacquet.

VERMANDOIS.

Desprez.

Blondel.

Rigny *Fontaine*.

LANGUEDOC.

Cremaux.

Maynier.

SAINT SIMON.

La Brosse *Guiarsat*.

Boilleve.

Brimont.

MEDOC.

Morlon.

GENSAC.

D'Estival.

S.t Clement.

Cabrol.

Baqueville.

Les Sieurs

Sombie.

Paris.

Laval.

Chevalier Davejan.

Jeanjean.

Toulouse.

Taxis.

S.t Martin.

Boiffet.

Defferres.

Fortbin.

Piolle.

Guyenne.

De Camp.

S.t Aroman.

Damelin *Fontas.*

S.t Georges.

Lorraine.

Duval.

Duval *de Tas.*

Flandre.

Laugier *Villars.*

d'Eaux *Dubourguet.*

Lagrange.

Bearn.

La Veilliere.

Du Rocq.

Haynaut.

Bezu.

Boulonnois.

Les Sieurs

Dufour.

La Foreft.

Angoumois.

Monmeran.

Saintonge.

Barres.

Bigorre.

Du Pleffis.

Forest.

S.t Eftienne.

Tournaisis.

Dortu.

Bonneau.

Magiffon.

Dandouin.

Royer.

Foix.

Fontenilles.

Baulles.

Nivernois.

Du Montet.

Boriat.

Polhiat.

La Balenie.

Soissonnois.

Guichenet.

Trevelée.

Meffignac.

Isle de France.

Les Sieurs

S.t Loyer.

Defplan.

Aunis.

Burine.

Luxembourg.

Defcolines.

Beaujollois.

Bachoud.

Montmorency.

Barras.

Picquigny.

Villemort.

Pheluppe.

De Gorce.

Estampes.

Darbord.

Vachen.

Deftouches.

Blaisois.

Montanier.

Auxerrois.

Sardiges.

Frigeres.

Les Landes.

Lavergne.

Enghien.

Canfery.

Bonail.

Chazeau.

Du Cerf.

Du 25. Juin 1725.

CAPITAINES *reformez d'Infanterie, qui suivant l'Article VI. auront Deux cens cinquante livres d'appointemens par an.*

PICARDIE.

Les Sieurs

Mozette.
Berlemont.
Falagoux.

CHAMPAGNE.

La Roque.
Brunot.
Ronferay.
Defgougnons.
Cauffidon.
Lagrange.
Pomerol *Grandis.*
Chambaud.

NAVARRE.

Hemeric.
Fonvielle.
Garraut.

PIÉMONT.

Moillieres.
Bonac.
Cornille.
La Pomarede.
Damat.

NORMANDIE.

Quies.
Perfange.

LA MARINE.

Les Sieurs

Neyreman.
Darre.
Virieux.
La Vilette.
Genfac *de Beaufort.*
Juliac.
Vieuge.

RICHELIEU.

Sarrieux.

BOURBONNOIS.

Lion.

AUVERGNE.

Boiffon.
Noailhan.
Rouche.
Reynal.

TALLART.

Boulozac.
De Fages.
Coutance.
La Fontenelle.
Bidaud.
Paladuc.

PONS.

Les Sieurs

Vačtot.
Grangeré.
Belloc.
Valdetaire *Droulhot.*
Defautous *Vitalis.*
La Fargue.
Villiers.
Longchamp.
De Lifle.

ROYAL.

Nazelle.
Ruays.
Gaubourg.

POITOU.

Lauze *de Villemazel.*
Defmaillots.

LYONNOIS.

S.t Loup.

DAUPHIN.

Defplans.

LA GERVAISAIS

Chevalier de Loffe.
Rabiart.

TOURAINE.

Chevalier d'Efcorailles.

ANJOU.

Les Sieurs

Saint Paul.

DU MAINE.

Pinard *du Coudray*.

La Boissiere.

Despondeillant.

SALIANS.

D'Hauteville.

Gallet.

Chantelot.

Mansion.

Du Pouet *Maisonneuve*.

MEUSE.

Villosme.

La Dux.

Lostance.

LA CHENELAYE.

Delmas.

LA REYNE.

Du Perrier.

Lambinet.

LIMOSIN.

La Bouverie.

ROYAL VAISSEAUX.

Champdolin.

Du Mannet.

Clairfontaine.

Braconnier.

BRETAGNE.

Les Sieurs

Courcelle.

LE PERCHE.

Deslions.

La Fosse.

ARTOIS.

Sagey *de Nagey*.

LA SARRE.

Doet.

CONDÉ.

Duguet.

Dupaty *Desnot*.

BOURBON.

Lauvergnat.

Richard.

ROUERGUE.

Du Prat.

Rochon.

Bachelerie.

ROYAL MARINE.

St Gervazy.

VERMANDOIS.

Vigouroux *de Ressac*.

LANGUEDOC.

Valdaison.

MEDOC.

Les Sieurs

Passaire.

GENSAC.

St Geron.

BAQUEVILLE.

St Pastoux.

ROYAL COMTOIS.

Laferonniere.

MAILLY.

Delcourt.

TOULOUSE.

Dusauset.

Mazieres.

GUYENNE.

Du Chaillou.

Tavenay.

FLANDRE.

Montesquiou.

Medrano.

BEARN.

Lesceure.

Favart *d'Haraucourt*.

Lalenne.

S.[t] Victor.

HAYNAUT.

Sambuc *la Coste*.

BOULONNOIS.	VIVARAIS.	BLAISOIS.
Les Sieurs	*Les Sieurs*	*Les Sieurs*
Lafablonniere.	Boncour.	Du Peux *de Fontenelles.*
ANGOUMOIS.	BASSIGNY.	GASTINOIS.
Stourm.	Dianoux.	De Bannes *fils.*
SAINTONGE.	BEAUJOLLOIS.	CONTY.
Puibusque.	Rochefort.	De Bratz.
Destrem.	Tarneau.	AUXERROIS.
Negre.	PONTHIEU.	Monbartier.
FOREST.	S.t Georges.	AGENOIS.
De Malmazet.	PICQUIGNY.	Germainvillé.
QUERCY.	Darmaingant.	LES LANDES.
Lafabliere.	Caze.	Gassaud.
AUNIS.	Cadenet.	ENGHIEN.
S.t Victor.	ESTAMPES.	Cambrouly.
	Dubousquet.	Simon *de Villeneuve.*
		S.t Martin.

CAPITAINES *reformez d'Infanterie, qui suivant l'Article VII. auront Deux cens livres d'appointemens par an.*

PICARDIE.	RICHELIEU.	PONS.
Les Sieurs	*Les Sieurs*	*Les Sieurs*
Le Tellier *de Marnou.*	Houzel.	De Roux.
de Breau.	Le Bel.	POITOU.
CHAMPAGNE.	AUVERGNE.	Fontanges.
Belonniere.	S.t Feriol.	LYONNOIS.
NAVARRE.	Trillon.	Du Breüil.
Le Grand *Duguet.*	La Motte *Bacallan.*	Loys.
	TALLART.	
	Tiranges.	

DAUPHIN.

Les Sieurs

Laval.

Richard.

LA GERVAISAIS

Dalozet.

ANJOU.

Comarque.

DU MAINE.

Dainville.

MEUSE.

Jonquerettes.

LA REYNE.

Rochechoüard

Subercazeaux *de Roye.*

Clavario.

LIMOSIN.

Verneau.

Dumesnil.

ROYAL VAISSEAUX.

La Mude.

Chevalier de Tressemanes.

Brissac.

Chevalier de Fourques.

LA COURONNE.

Des Essarts.

LA FERRE.

Damsreville.

La Vacquerelle.

BOURBON.

Les Sieurs

Baudan.

Chevalier de Modenne.

BOURGOGNE.

Corcelle *de Thomassin.*

Mursay.

VERMANDOIS.

Des Essarts.

SAINT SIMON.

Peyrositte.

Jonquerettes *de Champverdun.*

GENSAC.

Maignon.

BAQUEVILLE.

Gallou.

PROVENCE.

Darnault *le Moyne.*

MAILLY.

Vignacourt.

Chevalier de Noyelles.

FLANDRE.

Maillot.

BEARN.

Poisson *du petit-bois.*

Boisrenard.

Simon Melet.

HAYNAUT.

Segent *de Perraquin.*

ANGOUMOIS.

Les Sieurs

La Geard.

FOIX.

Tampoy.

BRESSE.

Duplessis.

QUERCY.

Poitiers.

BEAUCE.

Darnabez.

Desgranges *de Moussy.*

DAUPHINÉ.

Creancé.

VIVARAIS.

Charnacé.

Grasset.

BASSIGNY.

Fabry.

Mandajors.

BOUFFLERS.

Desbarolles.

ESTAMPES.

Lafontaine.

SANTERRE.

Marolles.

LES LANDES.

La Vilette.

ENGHIEN.

Chevalier de la Motte.

Du 25. Juin 1725.

LIEUTENANS reformez d'Infanterie, qui suivant l'Article VIII. auront Cent cinquante livres d'appointemens par an.

PICARDIE.

Les Sieurs

Bouffac.
Chastigniere.
La Souliere.
Sauviat.
Laurency.
S.t Julien.
La Bourbenne.
Chevalier de Campagne.
Rollet.

CHAMPAGNE.

Lasablonniere.
Bernard.
La Barthe.
Petit.
Peraudin.
Bailliere.
Barsac.
Belancourt.
La Roque.
Beligny.

NAVARRE.

Tiran.
Beauvilliers.
Hubac.
La Vernede.

PIÉMONT.

Les Sieurs

Chollet.
Vacheres.
Samezan.
Du Plaa.
Legros.
Treville.
La Vergne.
La Coste.

NORMANDIE.

Taillebaut.
Salignan.
Bellivet.
Chevalier de Bellivet.
Verdonnet.

LA MARINE.

La Coste.
Caros.
Soulier.
Tournon.
Fonparnas.
Flotte.
Legay.
Tridon.
Monlesun.

BOURBONNOIS.

Gouzille.
Trinquet.
La Peyre.

LYONNOIS.

Les Sieurs

La Plaigne.
Duplessis.

LA GERVAISAIS.

Duquesnet.
Basniot.

ANJOU.

Durand.

ROYAL VAISSEAUX.

Darodez.

ORLEANS.

Le Grand.
Le Grand *le Cadet*.
Lamenardie.
Beaumel.
Grigneux.
La Brau.
S.t Prix *la Gardelle*.

LA COURONNE.

Villars.
Montleaur.

DU PERCHE.

La Roque.
Constantin.
Lafosse.
Neuvial.
La Broyere.

Artois.

Les Sieurs

La Grange *de Rieutor.*
Daunay.
S.t Martin.

Louvigny.

Deſtorre.

Vendosme.

La Croix.

La Sarre.

Du Breüil.

La Ferre.

Salvatory.
Duroc.

Condé.

Reclos.
Meſſaille.
Sabran.
Fontaine.
Dailly *Deſcorailles.*

Beauvoisis.

Dabras.

Rouergue.

Chevalier Deſcombiez.
Daloncour.
Mirabet.
Dornon *de Savin.*

Bourgogne.

Guide.
Prendreau.

Royal Marine.

Les Sieurs

L'Etoille.
Monteſquiou.
Poulſans.

Vermandois.

La Motte.
Lagiſſadiere.

Languedoc.

Dalteirac.
Dutertre.

Medoc.

Vaſſaut.
Ducros.
Taillac.

Gensac.

Lafons *Lariviere.*
Lahaye.

Baqueville.

Beaumont *des Eſſarts.*
Chevalier de Montier.
Montaſſier.
Herault.

Laval.

La Chapelle.
Maugon.

Toulouse.

Walart.

Guyenne.

Les Sieurs

Warcanie.
de Sale.
Merbion.

Lorraine.

La Houſſiere.
La Perouſe.
S.t Martin.

Flandre.

Lambert *de Maſſe.*

Bearn.

Boiſval.
Tiſſerant *de la Leine.*

Boulonnois.

Dugoua.
Dauzas.

Saintonge.

Berniere *Lombard.*
Clapiez.

Forest.

Soulens.
Deſtibaire.
Mouſtance *de Baraſtens.*

Foix.

Lafons.

Bresse.

Deſclin.
La Broue.

Du 25. Juin 1725. 120.

LA MARCHE.

Les Sieurs

La Boreix.

ISLE DE FRANCE.

La Valette.

S.t Hilaire.

BEAUCE.

Laferme.

Baraton.

DAUPHINÉ.

Labat.

VIVARAIS.

Les Sieurs

Contaillon.

Boncour.

LUXEMBOURG.

Le Roy.

Hardonnault.

BEAUJOLLOIS.

La Tour.

PONTHIEU.

Chambarrant.

MONTMORENCY.

La Bastide.

BLAISOIS.

Les Sieurs

Carrel *de Pechalamont.*

Deshort *de Marsillargues.*

Vaubelle.

GASTINOIS.

Le Mas.

AUXERROIS.

Courtaunay.

Pierrepont.

SANTERRE.

Belardon.

Bessou.

CAVALERIE.

CAPITAINES reformez de Cavalerie, qui suivant l'Article IX. auront Six cens livres d'appointemens par an.

Reg.t COLONEL GENERAL.

Les Sieurs

Flamerville.

La Monnerie.

Daubeuf.

Deslers.

MESTRE DE CAMP GENERAL.

Les Sieurs

Darcy.

De Guisy.

Buchepot *Fromentau.*

Savoniere.

S.t Georges.

COMMISSAIRE GENERAL.

Les Sieurs

Valin.

d'Egrigny *d'Erville.*

Chateaugay.

Franseure.

Maupassant.

Majeur.

Maillac.

ROYAL.

Les Sieurs

De Berle.
La Roche *la Barthe*.
Digoine.

DU ROY.

Broutiere.
Duval.
Crenay.

ROYAL ESTRANGER.

Rouſſel.
De Chaiſe.
Bellangliſe.
Boncour.
Velacour.
L'Egliſe.
Deſlauriere.
Boutonvilliers.
Vallais.

CRAVATTES.

Voyenne.
Villedonné.
Damas.
Fenerolles.
Le Page.
Deſporcelets.
Poitiers.
Maluirade.

ROYAL ROUSSILLON.

Les Sieurs

La Raudiere.
Cruchet.
de Mandres.
Chevalier Dailly.
Vandeüil.
Choiſeuil *d'Egully*.
Dufort.

ROYAL PIÉMONT.

de Bel.
de Pœuil.
Dublaiſel *Lolentun*.
Pujol.
la Neufville *Fontaine*.
Pronleroy.

BRIGADE DE PARABERE.

Lafargue.

LA REYNE.

Roqueſeüil *du Cayla*.
Cazenave.
Cazenave *de la Combe*.
Pondeau.

DAUPHIN.

Laroquebernieres.
Le Clerc.
La Coudiniere.

DAUPHIN ESTRANGER.

Les Sieurs

Rurange.
Beaucheſne *la Riviere*.
Larans.
Fabars *Audijeos*.
Daſtagnieres.

BRETAGNE.

Courſon.
De Pins.
De Rouſſe.

ANJOU.

Chevalier d'Eſlagnol.

BERRY.

Delong.
Leveque.
Vaugicour *Crequy*.
Bompart.
Couturier.
Boucaut.

ORLEANS.

S.te Colombe.
Crevy *Rogier*.
Froment.

CLERMONT.

Capon.
Lajonchapt.
Lavaur.
Sardieres *Fayol*.

CONDÉ.

Les Sieurs

Feuret.
Captan.
Duchelat.
Foucaud *de Rosay*.
S.t Germain *Soulet*.
Bellebat.

BOURBON.

Du Bouchot.

CONTY.

S.t Paul *du Chaila*.
Glasson.
Torcy.
De Terme.
Montaigu.

DU MAINE.

Tompson.
Fradel.
Lestang.

TOULOUSE.

Canet.
Dorgemont.

VILLARS.

S.t Aignan.
Laperonie.
Noel.
Merey.
Torcy.
Courval.
Barthe.

VILLEROY.

Les Sieurs

Montaynart.
La Chatre *la Verie*.
Fougere.
Dupas.

LAMBESC.

Faucheux.
Boubée.
Parage.
La Brassiere.
Villeneuve.
Fremont.

LUYNES.

Darbaut.
La Trappe.

SAINT SIMON.

Darsonval.
Dauvis *Bertrand*.
Beauregard.

GESVRES.

De Plos.
Tacon.
Du Croisset.
Lespinasse.
Dargy.

LA TOUR.

Longpré.
La Motte *du Verger*.
Chaban.
Vossey.
Mouset.

LORRAINE.

Les Sieurs

Henriquet.
S.te Segraux.
Bernard.
Dubois.

CAYEUX.

Ghistel.
Datilly.

TURENNE.

Sanguin.
Pressures.
Preignes.

VAULDREY.

Bourlac.
De Vic.
Neuilly.
Cangis *de Saugeon*.
S.t Georges *Bochet*.
Brughat.

LA ROCHEGUYON.

Desbarres *Cussigny*.
Du Clos.
Courrivaud.
Montfort.
Chamblin.
Dozé *de Rochebrochard*.

BRION.

Segur.
La Ruë.
Oursain.
Varennes *de Colins*.
De l'Isle *Carville*.

MONTREVEL.

Les Sieurs

Daran.
Du Noiset.
La Bauche.
La Chaume.
Dallier.
Lupeille *Dasps.*
Ferette.

MONTEILS.

Cauliere.
Taluanne.
Gachedat.
Filhol.
Ganot *Moulinville.*
Verdelin.

PEYRE.

Aimejean.
Plagne.
Vallien.
Du Cauroy.
Craisset.
Vintigny.
De Lisle.

LA MOTTE HOUDANCOURT.

Dornolac.
Villers *Fauconnier.*
Quainson *de Polemieu.*

BOUGARD.

Les Sieurs

Du Rosel.
Montaulieu.
Du Desert.

LA FERONAYE.

Pronville.
Danglemont.
Chevalier de Legall.
La Bruyere.

LORGES.

Du Croiset.
Thonier.
Canel *Franchecour.*
Auger.
Desbordes.
Deville.

LENONCOUR.

Vauzel.
Lostange.
Dubraq.
Chevalier de Housse.
Dozemont.

CHEPY.

Bruyere.
Montigny.

BRISSAC.

Les Sieurs

Vigouroux.
Villansaigne.
Castelnau.

LEVY.

Mussey.
Prailly.
Villandré.
De Runes.
Hourier *de Viermes.*

RUFFEC.

Luvaulne.

DU LUC.

Du Vernay.
Palis.
Chevalier de Mastin.

NOAILLES.

Magnas.
Chateaubodot *Ligondez.*
Brunel.
Cledier *Bellejoyeuse.*
La Salle *de St Ponsi.*

MONCHY.

Sevigny.
Sanglier.

Du 25 juin 1725

CAPITAINES reformez de Cavalerie, qui suivant l'Article X. auront Cinq cens livres d'appointemens par an.

COLONEL GENERAL.

Les Sieurs

Mequin.

Pionsac *de Chabanes.*

MESTRE DE CAMP GENERAL.

Nettancourt.

Biancourt *de Poutrincourt.*

Dubouchat.

Marsillac *de Veny.*

Tracy.

COMMISSAIRE GENERAL.

Levesque.

Cassart.

ROYAL.

Pontpierre.

Montbarré.

DU ROY.

Caron *de Montisaud.*

Robert.

Catus.

Fournez.

Brisson.

Fournez.

ROYAL ESTRANGER.

Les Sieurs

Livergny.

Clouet.

Boisfresne.

Beaulieu.

Daigremont.

CUIRASSIERS.

Dhervilly.

Chevalier de Manneville.

Laluzerne.

Varenne.

Fonferriere *Rolland.*

Vizé.

CRAVATTES.

Pillan *de Curry.*

Du Croc *Chabannes.*

Massol.

Juliac *de Gontaud.*

ROYAL ROUSSILLON.

Choiseuil *d'Esquilly Bussiere.*

Froimont *la Raudiere.*

Lyonne.

La Mousse.

Du Vivier.

Doriac.

ROYAL PIÉMONT.

Les Sieurs

Dublaisel.

Courtemanche.

Sissonne *Blondel.*

Lanery *Pronleroy.*

LA REYNE.

Merlin.

Combescur.

DAUPHIN.

Baudribost.

S.t Cristophe.

Taulignan.

Vallée.

Beon.

La Marcelle.

DAUPHIN ESTRANGER.

Montigny.

Dizé.

Manissy.

Fralin.

BRETAGNE.

Longaunay.

Cœurly.

Lugny.

ANJOU.

Les Sieurs

Dalmans.
Neufchaife.
Pouffange.
Baleux.
S.te Mefmé.
Courville.
La Roche *Jaquelin.*

BERRY.

La Mollerie.
Fayet.
Guyonnet.
Marcillac.
Lanta *de Gramont.*

ORLEANS.

Billau.
Signy.
Tuder.
Louville *de Merincourt.*
Patau.

CLERMONT.

Courtieux.
La Motte.
Lagrange.
Maurepaire.
Livron.
Clery *de Ram.*

CONDÉ.

Beudon *Longueville.*
Montegry.
Mauny.
Mandre.

BOURBON.

Les Sieurs

Rochecot.
Martinville.
Chevalier de la Salle.
Dufaux.

CONTY.

Clercy.
Launay.

DU MAINE.

Dufaulfoy.

TOULOUSE.

Malortie *Boudeville.*
Digny.
Pierrepont *Vignacourt.*
Chevalier d'Eftourmel.

VILLARS.

Dumollard.
Chevalier d'Epinoy.
d'Hauterive.

VILLEROY.

Landreffe.
La Bigotie.
Quemy *de Bouquinghen.*
Dumazel.
Roumagné.
Chevalier de Quemy.
Bailly Beauvoir.

LAMBESC.

Les Sieurs

Chambaut *de Mongon*
Pontchevron.
Mauvefiniere.
Faucheux *fils.*
Lantillac.
Gimel.

LUYNES.

Charpentier.
Dargentré *Dupleffis.*
Cranfac.
Torel d'Almerans.
Valanfan.

SAINT SIMON.

Campreftre.

GESVRES.

Rhelannette.
La Valette *de Prade.*
La Vergne.
d'Herveloy.
Dorinville.

LA TOUR.

Rochepine.

LORRAINE.

Chevalier des Noyers.
Longchamp *de Sublet.*

CAYEUX.

Gervain.
Camboulas.

TURENNE.	BERINGHEN.	RUFFEC.
Les Sieurs	*Les Sieurs*	*Les Sieurs*
Molembais *de Crouy.*	Bosanges.	Mauny.
Mongibaut.	La Villedieu *la Guillotiere.*	Bressolles.
LA ROCHEGUYON.	Daubas.	Le Lievre.
S.t Point *Rochefort.*	LA FERONAYE.	Dalphonse.
Guy *des Essarts.*	Mureaux.	DU LUC.
BRION.	Trudaine.	Geneslines.
S.t Ruë.	La Blondeliere.	Pronville.
Ligondez *Rochefort.*	CHEPY.	C.te de Serin.
Rollain.	Chevalier de Brion.	Bernieres.
MONTEILS.	Pomerol.	Menou.
Sarlabous.	Tutel.	NOAILLES.
LA MOTTE HOUDANCOURT.	Henriet.	Vignacourt *Moucelin.*
Cambernon.	Trudaine *Duquesnoy.*	Sarlabous.
Valcourt *de Guesse.*	BRISSAC.	Duvivier.
Salers.	Fosselandry.	Mauriac.
Malromé.	Monlaur.	Denin.
BOUGARD.	Chamboy.	BETHUNE.
La Ferriere.	Grammont.	Courtais.
S.t Aurin.	LEVY.	MONCHY.
S.t Silvestre.	Fouchy.	Sampigny.
La Jumelerie.	Lesignac.	
	Chevalier de Raigecourt.	
	Capet.	
	Boissot.	

CAPITAINES reformez de Cavalerie, qui suivant l'Article XI. auront Quatre cens livres d'appointemens par an.

COLONEL GENERAL.

Les Sieurs

Chevalier de la Riviere.
Chateaugay.
Chevalier de la Croix.
Francine.
Bermonde *de Goncourt.*
Daffé.
Chevalier Durban.

COMMISSAIRE GENERAL.

La Remondie *Durfort.*
Roquecane *Durfort.*

ROYAL.

Coulons.

DU ROY.

Descotty.

ROYAL ROUSSILLON.

Savelli.

ROYAL PIÉMONT.

Chevalier de Salignac.
Forestier.

BRIGADE DE LA MARCK.

Les Sieurs

Durand.

DAUPHIN.

Des Chenets.

DAUPHIN ESTRANGER.

Taniere.
Boizay *de Courcenay.*
Rivoly.

BRETAGNE.

Lauret.
Froidour.
Dalembon.
La Roque.

BERRY.

Chantemulle.

ORLEANS.

Cabre.
Chevalier de Souastre.
Chevalier de Courcival.
Le Vautrel.
Chevalier Despiez.
Chevalier de Gratot.
Cledier.
Despaligny.
Baroeilles.
Dufays.
Dangosse.
Foissy.

CLERMONT.

Les Sieurs

Blenac *de Courbon.*
Du Chillau.
Mauges.

CONDÉ.

Vauzay *de Bellefonds.*
Champlais.

BOURBON.

Turin.
Rouvray.
La Valette.
Renaison.
Sucy *Dauteüil.*

CONTY.

Vivefoy.
Godefroy.
S.t Marc.
Morinval.
Pierrepont.

DU MAINE.

La Marcheparnac.

TOULOUSE.

Millon.
S.t Paul.

VILLARS.	LA TOUR.	LA MOTTE HOUDANCOURT.
Les Sieurs	*Les Sieurs*	*Les Sieurs.*
Blondel.	Daudessan.	Beaudretun.
Perissac.	Duparquet.	**BOUGARD.**
VILLEROY.	Vertamont.	Dalmance.
Latterie.	Goulhers.	Dufretoy.
Charry.	Couorde.	Quesmadeck.
La Tour.	Dioré.	**BERINGHEN.**
Dauchamp.	**LORRAINE.**	Chauvelin.
LAMBESC.	Darbau.	Bozanges.
Nestier.	Lussan.	**LA FERONAYE.**
Chevalier d'Orgon.	**CAYEUX.**	De Thiers.
S.t Paul.	Chevalier de Brassac.	Laferonaye.
Lauthouin.	**TURENNE.**	**LORGES.**
Lamballerie.	Lantillac.	Dussachet.
De Bornes.	Gueroult *de Baqueville.*	**CHEPY.**
LUYNES.	Peccarer.	Jarsaillon.
Chevalier de Fenelon.	Chasteaudoux.	**BRISSAC.**
Dapremont.	**VAULDREY.**	Chevalier de Canillac.
SAINT SIMON.	Lerkem *Desoyres.*	Mauleon.
Tiblemont.	Mauria *Maillac.*	**RUFFEC.**
Sennevoy.	**LA ROCHEGUYON.**	Desgranges.
Desors.	La Borie.	Sauciere *de Tenance.*
Dussé.	Montmouton.	**NOAILLES.**
GESVRES.	Cadreil.	Vignacourt.
Chevalier Daurel.	**BRION.**	
Riberolles.	Lussac.	
Mazancourt.	Dherbouville.	
	Pourroy *S.t Julien.*	

LIEUTENANS reformez de Cavalerie, qui suivant l'Article XII. auront Trois cens livres d'appointemens par an.

MESTRE DE CAMP GENERAL.

Les Sieurs

Ravy.

Descanavelle.

Chevalier de Fromentau.

COMMISSAIRE GENERAL.

Gascoin de Baise.

Daise.

Deserre.

Perigal.

ROYAL.

Berthelas.

S.t Affricq.

Fargues.

DU ROY.

Pillon.

Dupuys.

Caumont *de Ganville.*

Vallois.

ROYAL ESTRANGER.

Duverdier.

Pastourel.

CUIRASSIERS.

Soreau.

Lombus.

CRAVATTES.

Les Sieurs

De Messon.

Biossac.

Desnonville.

Galeix.

De Pont.

ROYAL ROUSSILLON.

Cursay.

Chateauneuf.

ROYAL PIÉMONT.

Tilloloy.

Baudesson.

BRIGADE DE PARDEILHANT.

Cardonnaux.

LA REYNE.

Solinhac *de Preüillan.*

Ballard.

DAUPHIN.

Comarque.

Burgnier.

La Crette.

DAUPHIN ESTRANGER.

Les Sieurs

Longchamp.

La Coste.

Courthone.

BRETAGNE.

Volmerange.

Neron.

Poul.

ANJOU.

Marquisy.

BERRY.

Boulonnois.

Du Villars.

ORLEANS.

Tresin.

CLERMONT.

Mesplex.

Boiron.

S.t Paul.

Villiers.

CONDÉ.

Lahorgue.

S.t Delis.

Sarret.

Chevalier de Mauroy.

Mauroy.

Morin.

BOURBON.

Les Sieurs

Manhuel.
Remond.
Rigaud.
Brochard.
Chevalier du Bourg.
Gruy.

CONTY.

de Sepeaux.

TOULOUSE.

Demons.
Poinet.
Du Clos.
La Guarigue.
Villeroger *de Lhôpital.*

VILLARS.

Chevalier de Villers.
La Gardelle.
Vassal.

VILLEROY.

Cemetiere.
Marlemont.
Redon d'Esteve.

LAMBESC.

Constantin.
Deville.
S.t Vaast Larcher.
Chevalier Despieds.
Joye.
Pacha.

LUYNES.

Les Sieurs

L'Esplagne.
Dageville *Noüillers.*
Villars.

SAINT SIMON.

La Fargue *la Favelie.*
Durera *Saint Pierre.*

LA TOUR.

Duverger.

LA ROCHEGUYON.

Des Valernes.
S.t Clair.

MONTREVEL.

Dumont.
Baget.
Tuillier.

MONTEILS.

Vaudemont *Cauliere.*
S.t Aroman.
Dambasecq.

PEYRE.

Du Blaisel.
Lanty.

LA MOTTE HOUDANCOURT.

Cottebrune.

BOUGARD.

Les Sieurs

Sainte Marie.
Beirac *le cadet.*

BERINGHEN.

Valier.
Bonas.
Charsetin.
Le Tourneur *de Bousses.*

LA FERONAYE.

Vaucleroy.

BRISSAC.

Gennes.

LEVY.

Des Errards.
Royer.

DU LUC.

Belisle *Faucheron.*

NOAILLES.

S.t Hillaire.
Villars.
Gautier.
Longueville.
Segonsac.
Bassignat.
Laforest.
S.t Martin.
La Salle *la Vialle.*
Doresmieux.

LIEUTENANS reformez de Cavalerie, qui suivant l'Article XIII. auront Deux cens cinquante livres d'appointemens par an.

COLONEL GENERAL.

Les Sieurs

Gaya.

MESTRE DE CAMP GENERAL.

Lefevre.
La Roussiere.
Borelí.
Chartier.
Chevalier de Labadie.
Barbottan.
Bertrand.
De Rozieres.

COMMISSAIRE GENERAL.

Bellot.
Desportes.
Vignies.
S.t Privat.
De Boude.
La Breteche.
Dupiney.

ROYAL.

De Nisart.
Fourmetot.
Chaban.
La Chassagne.
Fargues.

DU ROY.

Les Sieurs

Sanzay.
S.t Michel.
La grange.
Lambert.
Bigot.
Regade.
Bournonville.
Lalande.
Villeroy.

ROYAL ESTRANGER.

Cavé.
Parrat S.t Julien.
Dubreüil.
Dautenave.
Belime.
Darbouville.
Failly.
Bonnefons.
Comera.

CUIRASSIERS.

Montrelet.
Morel.
Bonet.
Renaudin.
La Rouviere.

CRAVATTES.

Les Sieurs

Lalefranc.
La Noix.
Le Beuf.
Descorol.
Du Croc.
De Veaux.
Resicourt.
Du Bray.
Lahaye.
Thoré.
Presontaine.

ROYAL ROUSSILLON.

Besroy.
Castelanne.
Dificile.
Duplessis.
Bernier.
Sivry.
Duché.
De Lippe.
Guerin.

ROYAL PIÉMONT.

Les Sieurs

Langlois.
Milliere.
Mean.
Jandin.
Garjolet.
De Chaune.
Chevalier de Tilloloy.
Montamat.
Le Bret.
De Lair.

BRIGADE DE PARDEILHANT.

Thomasset.

BRIGADE DE LA MOTTE.

Meriel.

LA REYNE.

Darzilly.
S.t André.
Durupt.
Lalande.
Thivel.
La Jeunesse.

DAUPHIN.

Dumoulard.
Misontaine.
La Motte.
Langlois.
Dubuisson.
La Vessiere.

DAUPHIN ESTRANGER.

Les Sieurs

Condé.
Bertilly.
S.t Marc.
Tricq.
Maunier.
Desjardins.
Lesiniere le fils.
Dupeuty.
Lajard.
Desgeaux.
Chevalier.
Chevalier de Fay.
Dubois.

BRETAGNE.

Jonchat.
Duquesne.
La Massonniere.
Desandré.
Daulnoy.
Deshayes.
Pincousin.

ANJOU.

Collandy.
La Vogade.
Mercy.
La Noue.
Parisot.
Gautier le Cadet.

BERRY.

Les Sieurs

La Cassaigne.
Cauliere.
Marigny.
Duprat.
Castroylemos.

ORLEANS.

Desrosieres.
Didelot.
Duhamel.
Chandenay.
La Charme.

CLERMONT.

Du Cailla.
Mottus.
Courtais.
Darchimbaux.
La Combe.
Josselin.
Mesnier.
Termet.
Ganiere.

CONDÉ.

Daunoy.
Compagnot.
S.t Estienne.
Desplanches.
Desromé.
De Lisle.
Hemine.
Pomier.
Coursau.
Desbordes *Maurroy*.
Dezilet.
Chastelus.

Bourbon. *Les Sieurs*	**Villeroy.** *Les Sieurs*	**Gesvres.** *Les Sieurs*
Godeau.	Bretteville.	Duprat.
Dabzac.	Bellegarde.	De Cambs.
Blazin.	Gras.	S.t Andiol.
La Vaute.	Maillefer.	**La Tour.**
Conty.	Monda.	Vienne.
Brussé.	de Combe.	Chabanassy.
Chevalier de Pierrepont.	Molians.	Simon.
Desslauriers.	**Lambesc.**	Dethayes.
Geoffroy.	Langrau.	De Brie.
Destezet.	Pressac.	Monime.
Du Maine.	Giffot.	Pascal Vidal.
Olivier.	De Noitz.	S.t Gris.
Gerbaux.	De Combes.	Millet.
Duclos.	Thurau.	Joüin.
La Bourgaye.	Jacquemot.	**Lorraine.**
Mazeran.	La Busquette.	Monteton.
De Brosse.	**Luynes.**	Thomassesse.
Moraisse.	Mongaillard.	La Bussiere.
Toulouse.	S.t Jean.	Raoul.
La Combe.	Dargens.	Tevenin.
Viré.	Gondon.	Chevalier de Belessa.
Berthaut.	**Saint Simon.**	**Cayeux.**
Villars.	Monteloir.	Doriant.
S.t Marclauretz.	Luché.	Lespinas.
Camarez.	Chevalier Desrivieres.	De Cambre.
Teissier.	Boussigne.	Chabert.
Desplaces.	Dureyra.	Boshyon.
Dassigny *Verquin.*	Chevalier Dargy.	La Chevalerie.
Losse.		
Marignan.		

TURENNE.

Les Sieurs

Masclary.
L'Epine.
Offart.
Rausset.
Villejoye.
Dupré.

VAULDREY.

Merlier.
Du Cros.
La Roque.
Gerardot.
Neüilly.
Du Boschet.
Servieres.
Dupont.
Beaulieu *de Raoul.*
Charentenay.

LA ROCHEGUYON.

Corrivaux.
Recoulles.

BRION.

Dalidet.
La Hosse.
Desmieux.
D'Haye.
Langlois.
La Rive.

MONTREVEL.

Les Sieurs

Dumay.
La Ferté.
L'Epine.
Choquo.
Gelide.
Pingué.

MONTEILS.

Magnoüat.
Roquefeüille.
Monoye.
Descampy *Desplasses.*

PEYRE.

Denis.
Jailly.
Barrat.
Morel.
Herbin.
Villabon.

LA MOTTE HOUDANCOURT.

Montleau.
Jamet.
Baillet.
Le Blanc.
Moussu.

BOUGARD.

Lance.
Villeneuve.
La Rochette *Piside.*
Beirac l'aîné.
Duperié.
Acscon de Marcé.

BERINGHEN.

Les Sieurs

Lescorrette.
Valentin.
Sauvardiere.
Meneguere.
La Rousseliere.

LA FERONNAYE.

Ducoudray.
L'Epinay.
Verbois.
La Pierre.
La Saulx.
Gilbert.
Simonnet.
La Galennerie.
Lucot.

LORGES.

Antier.
Monard.
La Valette.
La Bastide.

LENONCOURT.

Vandomois.
Longuemarre.
Banville.
Poul.
Chaudrelau.
Du Boquet.
Duguas.
La Garigue.
Castagnos.

CHEPY.

Les Sieurs

Philipot.
Desruisseaux,
S.t Jean.
Michaut.
Collart.
La Grange.

BRISSAC.

Le Rouge.
Choque
Piet.
S.t Michel,
Textoris.

LEVY.

Segur *de Chevrac.*
Darbamont.
Du Teil.
La Cour.

RUFFEC.

Les Sieurs

Philippes.
Means.
Vaillant.
De Vigny.
Mailly.

DU LUC.

Richebourg.
Monbrisson.
Bernieres.
Gouart.
Garcin.
Desmoulins.
Le Blocteur.
Dorbe.

NOAILLES.

Les Sieurs

Durand.
Belissen.
Dumas.
Cure.
Pavans.
Dartois.
Bonfil.
Cibouville.

MONCHY.

Soulier.

LIEUTENANS reformez de Cavalerie, qui suivant l'Article XIV. auront Deux cens livres d'appointemens par an.

COLONEL GENERAL.

Les Sieurs

Gaillarbois.
S.t Aubin *Loutrel.*
Lyonne.

MESTRE DE CAMP GENERAL.

Monchamp.
Chopin.

ROYAL.

Les Sieurs

Monlevice.

ROYAL PIÉMONT.

Jarsaillon.

BRETAGNE.

Tasselin.

ORLEANS.

Les Sieurs

S.r Simon.
Bourgeois.
Coursay.

CLERMONT.

Duparc.
Darchimbaux *Beautoux.*

Du 25. juin 1725.

CONTY.	LA TOUR.	LORGES.
Les Sieurs	*Les Sieurs*	*Les Sieurs*
Marsollet.	Bonnal *Daubin.*	Barail.
	Desmaretz.	

DU MAINE.

Lascazes.

Duhamel.

VILLARS.

Salvan.

LAMBESC.

Dauriac *de Neuville.*

Humbert.

Dacquet.

LUYNES.

d'Issoncourt.

Dauge.

Hellouis.

Perret.

SAINT SIMON.

Royer.

La Corniere.

LORRAINE.

Duqueron.

Beaufort.

CAYEUX.

Malet.

MONTREVEL.

La Chapelle.

MONTEILS.

Chevalier de Saillac.

Seche.

LA MOTTE HOUDANCOURT.

Cazenave.

Desrotours.

BERINGHEN.

Montazet.

CHEPY.

Montoux.

BRISSAC.

Poujols.

Du Cleda.

LEVY.

Le Roy.

Beauvillé.

RUFFEC.

La Tour.

DU LUC.

Sordis.

BETHUNE.

Chevalier de la Croix.

NOAILLES.

Durand.

MONCHY.

S.t Plaisir.

CAPITAINES reformez de Dragons, qui suivant l'Article XV. auront Cinq cens livres d'appointemens par an.

Reg.ᵗ

COLONEL GENERAL.

Les Sieurs

Guiscard.

MESTRE DE CAMP GENERAL.

Didier.
Chebrou.
Pecheur.

ROYAL.

Fromental.
Artaud.
Le Boult.
Castillon.

LA REYNE.

Clermont *Dauterive.*
Repelin.
Barbuat *Maisonrouge.*
Lorichon.
Devair *Lanoue.*
Dattenove.

DAUPHIN.

La Brosse.
Kermeno.
S. Quereux.
Fussey *de Serigny.*
Neupont.
Caland.
Roudier *la Tour Blanche.*
Meurtel.
Meseüillac.

ORLEANS.

Les Sieurs

S.ᵗ Mandé.

CONDÉ.

Deserre.

BEAUFREMONT.

Seltot.
Lefevre.
Chambrulart.
Desayuelles.
Dumay.
Peseux.
Laujac.
Boussiere.

BONNELLES.

Pradel.
Desgranges.
Morainville.

EPINAY.

Desbordes.
Sᵗ Paul *Pailhes.*
Du Cros *la Cassagne.*

VITRY.

Les Sieurs.

Desportes.
De Cordes.

ROCHEPIERRE.

Sainton.
Duserre.
Stempels.
Fontorbe.

PLELO.

Desvaux.
Bottier.
Ginestoux.
Binos *S.ᵗ Julien.*
Lefranc *Lacary.*
Raynal.
Reveillon.
Lestang.

SOMMERY.

Calverac.
Chalais.
Beaurepaire.
Miraumont.

Du 25. juin 1725. 129.

CAPITAINES reformez de Dragons, qui suivant l'Article XVI. auront Quatre cens livres d'appointemens par an.

COLONEL GENERAL.

Les Sieurs

Polain.
Desbordes *la Forest.*
Berlot *Frandouaire.*
D'Incourt.
La Mariniere.
Boüilloux *la Roche.*
Mascaron.
S.t Gerant.

MESTRE DE CAMP GENERAL.

Brenant.
D'Hautenon.
Le Blanc Boisvert *de S.t Remy.*
Deschapelles.
Du Courteil.

ROYAL.

Roger.
La Croix Marmier.
Langoliant.
Loftiere.
Deschamps.

LA REYNE

Les Sieurs

Lasbordes *S.t Amant.*
Theuville.
Billet.
Marbé.
Sarcilly.
La Salle *S.t Syphorien.*
Boisdreu.
Chorez.

DAUPHIN.

Du Leslier.
Verneüil.
La Guerande.
Pourmoriou.
Chazal.

ORLEANS.

Cretot.
Daldiquier.
Nicolay *Sabran.*
Fontés.
Dulac.

CONDÉ.

Dervel.
Marcilly.
Chapuis.
Lascombes *de Comolet.*
Dodos.
La Bussiere.
Villeneuve.
Danacite *fils.*

BEAUFREMONT.

Les Sieurs

Desminieres.
Guintrand.
Carlat.
Sorans.
Dhauvel.

BONNELLES.

Ferand.
Paporel.
Du Chillois.
Desjeans.
Villiers.
D'Hugues.
Graineville.

EPINAY.

Castel *Naudenie.*
La Fontaine.
La Motte.
Goulon.

VITRY.

La Tour *Puylobier.*
Desmaisons.
Severac *de Talhoüet.*
Le Roux.

ROCHEPIERRE.

Deschamps.
Fauquette.
Poge.
Cazeaux.
Puget.

PLELO.

Les Sieurs

Ducheny.
Montreüil.
Dausbourg *la Baure.*
Parfouru.
La Chabanne.
S.t Orens.

SOMMERY.

Les Sieurs

Chevalier de Sommery.
Chazel.
Massé.
Locatelly *Lancy.*
Cambec *de la Roque.*
Du Mermont.

LANGUEDOC.

Les Sieurs

Du Besset.
Tessier.
La Mouline.
Severac *de Jusses.*

CAPITAINES reformez de Dragons, qui suivant l'Article XVII. auront Trois cens livres d'appointemens par an.

COLONEL GENERAL.

Les Sieurs

Chevalier de Merey.
S.t Chamant.
Dubot.
Mottel.
Danglars.

MESTRE DE CAMP GENERAL.

Boismillet *Auvray.*
Duplessis *la Corrée.*
Montigny.
Chevalier de Meniglaise.
Ligondez.
Chevalier de Ploeuc.

ROYAL.

Panat.
Boissieu.
Rochebrune *Castelanne.*
La Badie.

LA REYNE.

Les Sieurs

Montigny.
Beaumont *de Gibaut.*

ORLEANS.

Desayvelles.
Demas.
Du Chaylar.
Murat *de Montfort.*
Sarta.

CONDÉ.

La Riviere.
Marville.

EPINAY.

Mongaillard.
Duthuy.
Vivens.

VITRY.

Les Sieurs

Du Bourdet.
Antoine.
Helix.

ROCHEPIERRE.

Le Begue.

PLELO.

Villersfournel.

SOMMERY.

Matrou *de Mongon.*
Chevalier de Varingueval.

LANGUEDOC.

Lautreck.
Gensac *Lordat.*
Montaigle.

LIEUTENANS reformez de Dragons, qui suivant l'Article XVIII. auront Deux cens cinquante livres d'appointemens par an.

COLONEL GENERAL.

Les Sieurs

La Haye.

De Contz.

ROYAL.

Champoleon.

LA REYNE.

Du Chassan.

Goirans.

La Poujade.

Du Bourg.

DAUPHIN.

Bourgogne.

Pont-Labbé.

Saugé.

Dudessend *Derdon.*

S.t Illan.

S.t Gilles.

ORLEANS.

Cassens.

CONDÉ.

Les Sieurs

Bresson.

Dunet.

Pradel.

Beynaud.

BEAUFREMONT.

Migaud.

Boisclere.

S.t Laurent.

La Morine.

Fougerolles.

Morteaux.

BONNELLES.

Cressy.

EPINAY.

Dabadie.

Du Cos.

La Salle.

Baraise.

Charier.

Bournon.

Marcel.

VITRY.

Les Sieurs

Rinfreville.

ROCHEPIERRE.

Blin.

Bouret.

Laurisse.

Lhermitte *Chamblan.*

Berthelas.

Duverdier.

PLELO.

Beluez.

S.t Victor.

Brantonnet.

Villeneuve.

Chevalier de Labauve *Dosbourg.*

Lestang.

Dastric.

LANGUEDOC.

Peschard.

LIEUTENANS reformez de Dragons, qui suivant l'Article XIX. auront Deux cens livres d'appointemens par an.

COLONEL GENERAL.

Les Sieurs

Mouzon.

MESTRE DE CAMP GENERAL.

S.t Paul.

ROYAL.

Bioulle.

Niquet.

Desbordes.

LA REYNE.

Benjamin.

Garnier.

Guesmard.

La Minauderie.

La Condamine.

d'Esson.

DAUPHIN.

La Roche.

S.t Aignan.

Mabelly.

La Clüe.

Bancelin.

Dubourg.

Neupont.

Dugras.

CONDÉ.

Les Sieurs

Villours.

BEAUFREMONT.

Fligny.

S.t Gery.

Trapaut.

Chabrillant *le cadet.*

Guittard.

Daillancourt.

Geoffroy.

BONNELLES.

Vignal.

Dorleans.

EPINAY.

Chezard.

Germont.

De Bray.

S.t Peüil.

Daricot.

Carla.

La Chaussée.

Maisonrouge.

Richebourg.

Dauzon.

Duheron.

VITRY.

Les Sieurs

Lourville.

Pelisson.

Duvivas.

Danguillon.

Duris.

Desvallées.

Bordeaux.

ROCHEPIERRE.

Villers.

Moreau.

La Fontaine.

Le Camus.

Lalanne.

Lahas.

La Cour.

La Cassagne.

Berthelas *le cadet.*

La Terrade.

Guerin.

PLELO.

Real.

Vernet.

Rousset.

Dornicourt.

Rochefay.

Leger.

SOMMERY. Les Sieurs	LANGUEDOC. Les Sieurs	
Grace.	Le Clerc.	
Desrheins.	La Motte.	
Lestrades.		
Guichard.		

LIEUTENANS reformez de Dragons, qui suivant l'Article XX. auront Cent cinquante livres d'appointemens par an.

CONDÉ. Les Sieurs	EPINAY. Le Sieur	PLELO. Les Sieurs
Coquerel.	S.t Pierre.	Rizon.
BEAUFREMONT.		Mommouton.
Feuillan.		

OFFICIERS reformez d'Infanterie, Cavalerie & Dragons, qui suivant l'Article XXI. continuëront à joüir des mêmes appointemens qu'ils ont eû jusqu'à present.

ESTAT des Officiers reformez d'Infanterie, de Cavalerie & de Dragons qui estant revenus en France conformément à l'Ordonnance du Roy du 10. Janvier 1719. ont obtenu des places de Capitaines ou de Lieutenans reformez.

INFANTERIE.

CHAMPAGNE. Les Sieurs	NAVARRE. Le Sieur	LA MARINE. Le Sieur
Poisson, *Capitaine.*	La Gardelle, *Capitaine.*	Parelly, *Capitaine.*
Graillet, *Capitaine.*		

GUYENNE.

Les Sieurs

Marion, *Capitaine.*

FOREST.

La Motte *Dandiran*, *Capitaine.*

BRESSE.

Les Sieurs

La Boutaudiere, *Capitaine.*

BLAISOIS.

Fontaine, *Capitaine.*

LES LANDES.

Les Sieurs

Gouſſancour, *Capitaine.*

MEUSE.

Gache, *Capitaine.*

CAVALERIE.

ORLEANS.

Les Sieurs

Colomez, *Capitaine.*

VILLARS.

Paſcal, *Capitaine.*

VILLEROY.

Scepeaux, *Capitaine.*

Champlais, *Capitaine.*

BOUGARD.

Les Sieurs

Liſſac, *Capitaine.*

LORGES.

La Poujade *l'aîné*, *Capitaine.*

La Poujade *de Pericard*, *Capitaine.*

MONTEILS.

Les Sieurs

Villars, *Capitaine.*

DU ROY.

Du Moret, *Lieutenant.*

DRAGONS.

MESTRE DE CAMP GENERAL.

Les Sieurs

Iealingue, *Capitaine.*

ORLEANS.

Vanhouen, *Capitaine.*

ROCHEPIERRE.

Le Sieur

Corbieres, *Capitaine.*

GARNISON DE VALENCIENNES.

Les Sieurs

Cattelotte, *Capitaine.*

Deſandroüins, *Capitaine.*

Du 25. juin 1725.

ESTAT des Officiers qui ont obtenu leurs Reformes en consideration des services qu'ils ont rendus pendant la contagion.

INFANTERIE.

ARTOIS.

Les Sieurs

Chambon, *Capitaine.*

Gourgas, *Capitaine.*

Grefigny, *Capitaine.*

S.t Feriol, *Lieutenant.*

BOURBON.

Daubignan, *Capitaine.*

LORRAINE.

Gerard, *Lieutenant.*

BRETAGNE.

Daillyot, *Lieutenant.*

FLANDRE.

Les Sieurs

Vidalot, *Capitaine.*

Poitiers, *Capitaine.*

FOREST.

Deschenes, *Capitaine.*

Servoulles, *Lieutenant.*

BRESSE.

La Bretonniere, *Capitaine.*

LA MARCHE.

Robichon, *Capitaine.*

BRIE.

Les Sieurs

La Borde, *Capitaine.*

BLAISOIS.

Fonchateau, *Capitaine.*

Queyrah, *Capitaine.*

Canaux, *Capitaine.*

Roze, *Capitaine, cy-devant entretenu à Marseille.*

CAVALERIE.

CONTY.

Le Sieur

Desalos, *Capitaine.*

DRAGONS.

ORLEANS.

Le Sieur

Duvillars, *Capitaine.*

VITRY.

Le Sieur

Chiavary *Monredon, Capitaine.*

www.ingramcontent.com/pod-product-compliance
Ingram Content Group UK Ltd.
Pitfield, Milton Keynes, MK11 3LW, UK
UKHW022140170726
13837UKWH00004B/1680

9 782329 220734